I0000615

LÉGISLATION DE GUERRE

Collection publiée sous la direction du THÉMIS
JOURNAL JUDICIAIRE

Direction-Administration : Rue Grignan, 62 - MARSEILLE (Téléphone 37-51)

J. LAURÈS

DÉLIT DE HAUSSE

sur les Denrées et Marchandises

PAR LA

SPÉCULATION ILLICITE

(Accaparement=Agiotage)

MARSEILLE
IMPRIMERIE MARSEILLAISE
39, Rue Sainte, 39
1918

PRIX : 3 FR.

SERVICE DE CONTENTIEUX

CRÉÉ A MARSEILLE

Par le journal « THÉMIS »

62, Rue Grignan. — Téléphone : 37-51

Réquisitions militaires. — Séparations de Corps et Divorces. — Désaveu de Paternité. — Accidents du Travail. — Détournements de Successions et Captations d'Héritages.

CONTRIBUTIONS DIRECTES

NOUVEAUX IMPOTS CÉDULAIRES

TAXE SUR LES PAIEMENTS
ET LES OBJETS DE LUXE

IMPOT GÉNÉRAL SUR LE REVENU

Ce service guide les contribuables pour :

1° **La déclaration à fournir** *dans le mois qui suivra la réception de l'avertissement du Contrôleur* ;

2° **La détermination des éléments de l'actif et du passif**, susceptibles d'être pris en considération ;

3° **Les réponses à faire au Contrôleur**, dans le cas de contestation ;

4° **La solution de toutes les difficultés** qui pourront surgir avant ou après la déclaration.

RÉCLAMATIONS

Toutes les réclamations formulées par l'Administration des Contributions directes, soit avant, soit après la déclaration, sont examinées avec soin par nos collaborateurs et discutées avec les Agents de l'Administration et les Commissions compétentes.

En cas de désaccord, le litige est soumis, par nos soins, au Conseil de Préfecture et au Conseil d'Etat, s'il y a lieu.

Pour tous renseignements, s'adresser à M. le Directeur du journal THÉMIS, 62, rue Grignan, à Marseille.

BÉNÉFICES DE GUERRE

Il traite également les questions concernant les **bénéfices de guerre**, dont la déclaration doit être faite avant le **31 mars de chaque année**, et, en général, les réclamations de toute nature formulées par l'Administration des Contributions directes.

Restaurant BASSO

3 et 5, Quai de la Fraternité, 3 et 5

Téléphone urbain 14-04 — *Téléphone interurbain 19-85*

Terrasses avec Vue Splendide sur la Mer

- - - - *Bouillabaisse* - - - -

Langoustes à l'Américaine

- - - *Soupe de Poissons* - - -

GRAND PARC DE COQUILLAGES A LA CORNICHE

LA
" VÉGÉTALINE "

VAUT LE BEURRE, COUTE MOINS

DÉLIT DE HAUSSE

sur les Denrées et Marchandises

PAR LA

SPÉCULATION ILLICITE

---·ö·---

CHAPITRE PREMIER

LA VIE CHÈRE

Déjà, avant la guerre, le problème de la vie chère était posé devant l'opinion et devant le Parlement. Il n'entre pas dans le cadre de cette étude d'en examiner en détail les causes, mais il est hors de doute que l'élévation des salaires et des traitements paraissait indispensable et était sérieusement sollicitée.

La guerre n'a pas diminué, bien au contraire, les causes déjà si graves de cette vie chère et sa prolongation n'a fait qu'augmenter l'intensité de la crise. Ce n'est un secret pour personne que notre production totale, évaluée par les chiffres de 4 milliards en 1800, 6 milliards en 1850, 11 milliards en 1900, était encore insuffisante pour l'alimentation de nos onze millions de familles et de nos 38 millions d'habitants. La France recueillait chaque année plus de 115 millions d'hectolitres de froment, mais si de cet important dividende on défalquait les 14 millions pour les semences et le 1/5 pour la nourriture des animaux, on voit que le stock était singulièrement réduit. D'où la nécessité d'une importation de plus en plus active.

Les hostilités ont fatalement réduit la production nationale et opéré de la sorte une première et naturelle raréfaction de la marchandise. La fermeture des Dardanelles en nous isolant des greniers de la Russie, les dangers de la navigation, l'importance et le développement des transports militaires au détriment du transport commercial, ont produit une série de raréfactions naturelles de la marchandise. Diminution des quantités produites, diminution des quantités importées, augmentation de la valeur du fret, des assurances, autant de causes fatales, inévitables de l'accroissement des prix.

Mais c'est aussi une vérité douloureuse que dans toutes les époques troublées, les grandes vagues de fond ramènent à la surface la cupidité et l'esprit de lucre, la spéculation et l'agiotage.

« Tant que l'homme sera l'homme, il sera composé de deux forces qui luttent en lui et dont la lutte produit cet équilibre souvent rompu, toujours rétabli, qu'on appelle l'ordre social.

L'une de ses forces, c'est la tendance à l'isolement qui donne à l'homme le sentiment de son individualité et qui le porte à tout rapporter à soi ; l'autre de ces forces, la tendance à l'unité qui porte l'homme à tout reporter à la société et à se confondre en se sacrifiant dans la grande unité humaine. De ces deux forces contraires se compose l'homme social. S'il perd le sentiment de son égoïsme, il n'est plus un individu ; s'il perd le sentiment de la collectivité, il n'est plus un être social. L'un est le délire du dévouement, l'autre est le délire de l'égoïsme. La nature est là qui le retient entre ces deux folies et c'est à cette place que le législateur doit constater et gouverner ses instincts ».

Ainsi se justifie l'intervention du législateur en tout temps, mais combien plus nécessairement en temps de guerre et quelle guerre ! La guerre paraissait devoir être courte, courtes avaient été les prévisions. En se prolongeant, elle nécessite l'application de méthodes dont on pourra contester l'orthodoxie économique ou l'orthodoxie juridique, mais qui tendent les unes et les autres sinon à faire prédominer « le délire du dévouement », tout au moins à refréner le « délire de l'égoïsme ».

De là, toute une série, quelquefois même un enchevêtrement de lois et décrets assortis de sanctions appropriées. Lois et décrets que le législateur dit et croit temporaires, mais qui verront leur existence prorogée, parce que les causes qui les firent naître ne disparaîtront pas comme par enchantement à la cessation des hostilités. Lois d'exception sans doute et c'est là leur caractère essentiel qu'il ne faudra jamais perdre de vue ; lois d'exception qui lèsent des intérêts très respectables, qui entravent et arrivent quelquefois jusqu'à supprimer des libertés que l'on s'était habitué à considérer comme indispensables, intangibles ; lois d'exception qui rappellent à quelques-uns qui seraient tentés de l'oublier que nous sommes en guerre, que le sort de notre pays et la liberté du monde se jouent sur le champ de bataille et que si considérables que soient les intérêts individuels, si respectables soient-ils, ils ne sont rien, à l'heure présente, en face de l'intérêt collectif.

C'est dans ces conditions qu'a été promulguée la loi du 20 avril 1916 sur la taxation des denrées et substances. Dans le pays et au Parlement deux partis se trouvaient en présence. Le premier parti disait devant le Parlement (et l'honorable M. Perchot s'en est fait l'interprète) :

« Laissez jouer la loi de l'offre et de la demande, c'est encore le meilleur moyen d'agir sur les cours et de régler les prix ; ayez confiance dans la liberté du commerce, c'est de là que vient l'équilibre, par là que s'établit l'harmonie ».

En dehors du Parlement, dans une conférence faite par M. Daniel Zolla à la Société des anciens élèves de l'Ecole libre des Sciences sociales, il était dit :

« Il y a plus d'un siècle, un membre de la Convention rappelait à ses collègues une vérité que nul n'a le droit d'oublier aujourd'hui : « On n'est pas assez frappé, disait Creusé-Latouche, d'une erreur aussi étonnante : cette erreur consiste à croire qu'il est au pouvoir de quelque autorité humaine de fixer par une parole la valeur des choses, comme Dieu créa d'un mot la lumière. Les valeurs ont leur base dans une multitude infinie de rapports variables que la loi ne peut ni saisir, ni dominer. Vous pourriez multiplier les lois de sang, encourager les dénonciateurs, établir des légions de tyrans subalternes, autoriser tous les actes arbitraires, provoquer des violences populaires et désespérer tous les citoyens, mais la force des choses serait encore au-dessus de toutes les mesures ».

« Cela est vrai, ajoute M. Zolla en 1916, comme cela était vrai de toute vérité en 1793. Il faut : « laissez faire et laissez passer ». La vieille formule qu'on cite trop souvent pour la tourner en dérision reste l'expression très simple d'une réalité économique. C'est ce que nous pensons, du moins, avec une parfaite sincérité.

« Les prix s'élèvent en France et le problème de l'alimentation est plus difficile a résoudre aujourd'hui qu'hier, mais personne ne devrait s'étonner de la hausse des cours ou demeurer surpris qu'on ne puisse ni la suspendre, ni la limiter.

« Les principales récoltes de 1915 ont été inférieures à la moyenne : nous sommes forcés d'importer une partie de nos aliments, et les cours à l'étranger subissent l'influence de ces demandes extraordinaires. D'autre part, le cours des transports maritimes a triplé ou quintuplé ; les transports par chemin de fer sont plus difficiles ; le prix de la main-d'œuvre rurale s'élève et l'agriculteur achète lui-même plus cher qu'autrefois les engrais, les aliments complémentaires destinés au bétail et jusqu'aux outils qu'il emploie. Les prix subissent l'influence spéciale qu'exercent les inquiétudes générales *et probablement aussi l'action invisible d'une circulation plus large de certains instruments de crédit*. Est-il en outre permis d'oublier que depuis 1904 ou 1905 la plupart des produits agricoles avaient déjà subi une hausse marquée et presque continue, en dépit des oscillations brusques que provoquaient les variations des récoltes ?

« Nous sommes entrés dans une période de hausse analogue à celle que l'on peut noter à la fin du XVIIIe siècle et dont tous les traits sont connus.

« Par quelle étrange aberration d'esprit pourrait-on, en ce moment, oublier ou négliger toutes les circonstances et tous les faits qui expliquent et justifient la hausse des prix ? Cette hausse provoque des souffrances et réduit le bien-être auquel les

nsommateurs estiment qu'ils ont droit
rce qu'ils en ont joui avant la guerre.

« Il serait bien étrange que la lutte sans
erci, soutenue par nous depuis 18 mois
ût pas entraîné, comme conséquence,
s privations et des misères. C'est folie
e de vouloir exiger le bon marché et
bondance alors que la mobilisation, la
erre et l'inquiétude générale, boulever-
nt toutes les conditions ordinaires de la
oduction. »

On répondait au Parlement : « Oui, cela
t sûr, il y a une augmentation due à
ites les causes que vous venez d'énu-
érer, mais il y a en même temps, une
gmentation qui est due à d'autres cau-
s que celles-là, c'est-à-dire à la spécula-
n. »

« Nous savons tous combien le problème
la vie chère est complexe. Il comprend
question de la récolte déficitaire, la
estion des approvisionnements, la ques-
n du fret. Il y a aussi la difficulté des
ansports, ainsi que certaines conditions
fabrication plus onéreuses par ce temps
guerre, qu'en période normale. Tous ces
cteurs contribuent assurément à la
usse que tout le monde déplore. Mais
côté de ces causes générales et naturel-
 de renchérissement, il y en a qui sont
es à l'accaparement, à la « spécula-
n. » (Discours de M. Mistral. *J. off.*
novembre 1915, p. 1842.

« Les intermédiaires ont pris sur les
irchandises et sur les denrées des béné-
es trop forts, c'est un fait. Ils ont com-
encé dans la zone des armées, ils ont
ntinué à l'intérieur. (Discours de M. De-
roue, rapporteur à l'administration gé-
rale. *J. off.* du 23 novembre 1915, p.
6). Il semble que M. Lairolle ait ré-
mé l'impression de la très grande majo-
é de la Chambre dans sa déclaration :
Je suis fermement attaché au principe
la liberté commerciale et à la loi supé-
ure de la liberté des contrats, mais je
us avoue qu'ayant fait partie de la com-
ssion d'alimentation..., j'ai reconnu
'il y avait chez certains industriels et
mmerçants une âpreté d'intérêts qui ne
 pliait pas suffisamment aux exigences
 la défense nationale et qui peut justi-
r des mesures d'exception. (*J. off.* du
 mars 1915, p. 1962).

Hors du Parlement, la doctrine de lais-
 faire, laissez passer, la doctrine de la

libre concurrence n'a pas que des admira-
teurs. Il n'entre pas dans le cadre de cette
étude de rappeler toutes les défenses,
mais il est juste d'en donner le résumé.
Dans une note du *Recueil Périodique des
Pandectes françaises*, année 1900-2-33, sous
la signature de M. Royer Thisse, cette
doctrine a été clairement exprimée. C'est
certainement antérieur — et de beaucoup
— à la guerre actuelle, mais la thèse est
d'actualité et a été souvent reprise.

Après avoir rappelé que dans la pré-
face de son traité de Droit Commercial,
M. Thaller a montré les rapports étroits de
l'économie politique et du droit commercial — ces deux sciences qui ne peuvent
désormais être séparées, — M. Thisse dît :

« L'économie politique par l'organe de
ses plus illustres représentants a toujours
considéré la concurrence comme un phéno-
mène nécessaire à toute organisation fé-
conde de la production et comme la plus
puissante des forces qui poussent l'huma-
nité dans les voies du progrès.

Assurer le libre jeu de la concurrence
telle est pour les économistes la véritable
fin de leur science et de leurs efforts.

La concurrence écrit M. Paul Leroy-
Beaulieu, est devenue la règle de l'huma-
nité civilisée. (Traité t. I. ch. 4, p. 63).
Elle est la force impulsive, et coordina-
trice par excellence. Elle facilite les progrès industriels et les inventions, elle hâte
leur préparation. Elle abaisse les prix et
réduit les profits exagérés.

Mais tandis que l'analyse perfectionnée
des économistes s'applique à mettre en re-
lief les effets bienfaisants de la concurrence, l'examen des faits contemporains
révèle à l'observateur attentif une tendance nouvelle et curieuse. Presque dans
toutes les contrées du monde civilisé, on
assiste aux efforts fréquents des industriels et des commerçants pour amortir les
effets de la concurrence et souvent pour
l'anéantir à leurs profits. De toutes parts,
on signale des tentatives de réglementa-
tion des marchés et des ententes flétries
par l'opinion publique du nom d'accaparement.

En même temps la valeur de la concurrence, comme principe d'organisation
industrielle a été mise en doute ; on reproche à son libre jeu de rendre l'industrie instable, de multiplier des crises, d'é-
liminer brutalement les faibles. Cette

force de coordination que les économistes
libéraux attribuent à la concurrence, lui
est déniée par plus d'un critique. On va
jusqu'à lui donner le nom d'anarchique. »

A l'étranger, chez nos ennemis, même
préoccupation d'enrayer à tout prix la
hausse des denrées. Nous citerons seulement la législation allemande.

L'Allemagne, avec le souci de l'organisation méthodique et minutieuse qui la ca-
ractérise, ayant en outre prévu la guerre
puisqu'elle l'avait préméditée, avait entendu solutionner le problème dès les premiers jours. Alors que nous redoutions en
France de voir apparaître le spectre du
maximum, dès le 4 août 1914, était promulguée en Allemagne une loi relative à la
fixation du prix maximum.

L'article I de cette loi déclare : « Il
pourra être fixé pour la durée de la guerre
actuelle, des prix maxima pour les objets
de première nécessité, en particulier pour
les objets d'alimentation et fourrages de
tous genres, ainsi que pour les produits
bruts du sol, les combustibles et matières
pour l'éclairage. Une ordonnance du chan-
celier de l'Empire, prise le 25 juillet 1915,
porte : « Sera puni d'un emprisonnement
qui peut aller jusqu'à un an, et d'une
amende qui peut aller jusqu'à 10.000
marks, ou de l'une seulement de ces deux
peines : « Quiconque exige pour des objets
de première nécessité, notamment pour
des matières alimentaires et fourragères
de tous genres, pour des produits bruts du
sol, combustibles et matières pour l'éclairage, ainsi que pour des objets servant à
la guerre, des prix qui, en considération
des conditions générales et particulièrement de la situation du marché, laissent
un bénéfice exagéré.

Encourt les mêmes pénalités 1° quiconque se fait accorder ou promettre par un
tiers ; 2° quiconque retient, afin de reti-
rer de leur vente un bénéfice exagéré, des
objets du genre de ceux désignés sous le
chiffre I qu'il a achetés ou produits pour
les vendre ».

Il ne semble pas d'ailleurs que cette législation ait eu grand succès, car il ne
semble pas que ces prix maxima aient été
respectés et que la vie soit meilleur marché en Allemagne, bien au contraire.

CHAPITRE II

HISTORIQUE DE LA LOI
DU 20 AVRIL 1916

Entre les différents systèmes en présence, le législateur avait le droit de choi-
sir, il l'a fait. Et nous avons eu la loi
du 20 avril 1916 sur la « Taxation ». C'est
au cours de cette loi sur la « Taxation »
qu'est intervenue la sanction sur la hausse
des denrées et marchandises.

C'est d'abord un article 9 proposé par
le Gouvernement.

Cet article est visiblement inspiré du
décret de la Convention du 26 juillet 1793
qui est ainsi conçu :

« Quiconque, en vue de provoquer la
hausse, aura dérobé à la circulation, en
retenant — sans les mettre en vente jour-
nellement et publiquement — des marchandises et denrées, sera puni de la peine
de mort ».

Le législateur de 1916 n'allait pas aussi
loin dans les sanctions ! Il ne demandait
pas la peine de mort pour les accapareurs, mais il empruntait visiblement au
décret du 27 juillet 1793 là première partie « dérobé à la circulation, détourné de
la circulation ».

C'était alors — à n'en pas douter — l'accaparement au sens « ancien » du mot, ce
que le législateur allemand appelle la rétention en vue d'un bénéfice exagéré.

Le président de la commission de la
législation civile et criminelle, M. Ignace,
attaqua très vivement cet article 9 du projet, demanda qu'à la place de cet article
on procédât à la « refonte » des articles 419 et suivants du Code pénal.

C'est que l'article 419 — il faut bien le
reconnaître — n'a jamais été appliqué ou
presque jamais. Il exige, en effet, des conditions si rigoureuses qu'on ne les trouve
jamais réunies. Il fallait, aux termes de
l'article 419, la « coalition » ou la « réunion » des principaux détenteurs de la
marchandise, en vue d'une « hausse » du
prix, des manœuvres frauduleuses, si que
l'on pouvait bien trouver la « coalition » ou la « réunion », mais qu'on n'arrivait jamais à déterminer les manœuvres
frauduleuses. Et alors des scandales retentissants étaient suivis de non moins
retentissants acquittements. Les tribunaux

t les cours flétrissaient ceux qui avaient ccaparé au sens de l'article 419, flétrisaient leurs procédés, constataient qu'ils vaient semé des ruines et des désastres, mais étaient obligés de les acquitter. Et M. Ignace de proposer : « Il faut efondre l'article 419 ». Ce à quoi le Gouvernement répondait par l'organe de M. le arde des sceaux Viviani : « Nous ne pouvons pas toucher pour le moment à cet rticle, parce que cette législation est très ompliquée, et le temps nous presse : il aut que nous aboutissions rapidement, et i nous sommes obligés de réviser l'article 19, nous ne pourrons pas aboutir. Hâtons-nous de faire une loi qui réponde aux irconstances exceptionnelles, une loi qui ura la durée des hostilités, mais faisons ne loi spéciale ».

Et nous voyons alors l'article 9 se transormer en article 7, et les deux pensées de I. Ignace et de M. Viviani se fondre.

Le principe c'est que, dorénavant, il n'y ura plus de réunion, de coalition nécesaire. Un fait particulier pourra être pouruivi comme un fait « collectif » ; le prinipe c'est qu'il n'y aura plus besoin de nanœuvres frauduleuses : « Un moyen uelconque employé suffira pour permettre e poursuivre le délinquant : « Un moyen uelconque ». Il y a eu, à ce propos, un rojet déposé par M. Hesse, projet qui est ssez caractéristique. M. Hesse a demandé ce que l'on n'employât pas les termes ormulés par le Gouvernement et par I. Ignace. Il avait manifesté le désir que on insérât un moyen quelconque » au lieu le « sans emploi de moyens frauduleux ».

Sur les explications qui furent données ar le Garde des Sceaux, M. Hesse retira on amendement, et il fut entendu que les nots « sans emploi de moyens frauduleux » équivalaient aux termes du contreprojet de M. Hesse : « par un moyen quelonque ».

La loi nouvelle est le résultat des observations présentées par le député Ignace t par M. le Garde des Sceaux. Et, lors du vote de la loi du 21 février 1916, il n'y a pas eu l'ombre d'une difficulté : c'est sur es observations présentées en dernier lieu par M. le Garde des Sceaux, rappelant les observations présentées à la Chambre par M. Ignace, que la loi du 20 avril a été votée sans opposition.

Il importe de ne pas perdre de vue cette évolution de la pensée du législateur. Le projet primitif du Gouvernement, un peu hâtif, voulant répondre aux exigences immédiates de l'opinion publique, ne visait dans le premier article 9 que l'accaparement relevé par le décret du 27 juillet 1793. Mais au cours des débats, l'insuffisance du projet fut signalée.

« Quand je me plains de l'accaparement, « je vise surtout celui qui est opéré par le « gros accapareur et non par le petit débi- « tant, car, ne l'oublions pas, c'est le gros « accapareur qu'il faut atteindre parce « qu'il est le plus dangereux.

« Comment opère le gros accapareur ? « Il n'opère pas, certes, par des achats de « marchandises qu'il déposera tranquille- « ment dans sa cave pour ne les en faire « sortir qu'au moment où la hausse se « sera produite ; le gros accapareur opé- « rera avec cet instrument à la fois si « puissant, si utile et si dangereux en ma- « tière économique et commerciale qui « s'appelle le marché à livrer sur un nom- « bre considérable de places et de centres « d'approvisionnement une quantité égale- « ment considérable de denrées ; il ne les « retiendra pas, il ne les dissimulera pas, « parce qu'il n'en sera pas encore le déten- « teur, mais il aura, par le marché à « livrer, accaparé au sens exact du mot, « il aura par conséquent raréfié la mar- « chandise, il aura opéré la hausse cer- « taine du produit ». C'est en ces termes que s'exprimait M. Ignace, et pour caractériser sa pensée, il ajoutait : « Vous voyez donc que la loi du 27 juillet 1793, à la faveur du développement du marché à livrer qui est en définitive le procédé ordinaire et courant des accapareurs, n'atteindrait pas ce mode de raréfaction de la marchandise et que même en édictant la peine de mort, elle n'aboutirait pas aujourd'hui à un résultat efficace.

« Nous ne voulons ni frapper, ni entraver le commerce régulier et honnête, mais nous voulons par contre frapper l'accapareur, c'est-à-dire le spéculateur » (1).

Ce que le législateur entend frapper c'est le spéculateur en général et non plus le simple accapareur. L'incrimination est devenue plus étendue. Le législateur n'a pas entendu s'arrêter au seul accaparement, mais suivant les développements mêmes de la science moderne, utilisés et mis en œuvre par les spéculateurs, créer un délit

(1) *Journal officiel* du 3 décembre 1915, p. 1973.

nouveau, aux formes moins arrêtées et moins nettes que l'accaparement.

C'est cette évolution qu'ont perdu de vue certains commentateurs de la loi, accusant les tribunaux de créer une loi nouvelle, « la législation sur la taxation des denrées et substances n'ayant pas l'envergure que lui ont donnée de récentes décisions de justice (1). » C'est une erreur de croire que la loi du 20 avril 1916 ne vise que l'accaparement, mais il est exact qu'elle ne visait que l'accaparement lors du premier projet.

Il faudra donc distinguer l'accapareur et le spéculateur, ou plutôt ne retenir l'accaparement que comme l'un des moyens employés par le spéculateur. Il faudra aussi, puisque la loi entend ne pas entraver le commerce honnête, faire une distinction entre la spéculation permise et celle qui ne l'est pas, entre la spéculation licite et la spéculation illicite. Il convient donc d'apprécier ces différentes notions.

Différence entre l'accaparement et la spéculation illicite. — Si vous ouvrez le 4º cahier de Dalloz, de l'année 1916, à la page 96, vous y verrez écrit : « *Délit de hausse de prix des denrées ou marchandises au-dessus des cours normaux dans un but de spéculation illicite* ».

Cette terminologie est un peu complexe, la dénomination est un peu longue. La jurisprudence populaire, qui adore les simplifications, parle plus volontiers *d'accaparement et d'accapareurs*. La presse emploie aussi volontiers ces expressions.

Pour la plupart des gens, lorsqu'une marchandise devient chère, c'est qu'elle se raréfie sur le marché ; lorsqu'elle se raréfie, c'est qu'elle est détournée de la circulation, qu'elle est dérobée à la vente, cachée en un lieu approprié, en un mot « accaparée » : *ad capere*, prendre pour soi ; bien entendu et sous entendu, au détriment d'autrui.

C'est une idée, très ancienne, dont nous retrouvons l'écho dans les très vieilles civilisations.

Il a été parlé, au cours des débats, d'un sage de la Grèce qui, ayant prévu une récolte abondante d'huile, avait acheté les vaisseaux qui devaient contenir cette huile et put ainsi réaliser un bénéfice considérable. Ce prétendu sage de la Grèce

(1) V. Lœwel, *Gazette des Trib.*, 5 avril 1918.

courrait aujourd'hui le danger de se voir l'objet d'une demande d'interdiction de la part des membres de sa famille, mais ne serait pas interné parce que l'opération ne serait en aucune façon dangereuse pour les autres. C'est un moyen enfantin qui pouvait réussir autrefois, qui aujourd'hui, serait absolument puéril.

La même idée de lucre se trouve à la base des opérations effectuées, également par un autre enfant de la Grèce moderne

Un enfant de Salonique arrive à Paris en 1870, à l'âge de 16 ans. A 21 ans, il gagné 2 millions sur la hausse de la rente française. Il s'établit alors pour son compte, place des agents dans des banques concurrentes, et ainsi, admirablement renseigné sur la position de ces maisons perdant d'un côté, gagnant de l'autre, arrive à réaliser une fortune considérable

Deux époques, deux méthodes par conséquent. Je pourrais en citer d'autres mais ces deux exemples me paraissent typiques.

L'accaparement — au sens « ancien » du mot — c'est-à-dire l'entassement d'une marchandise — fait partie de l'arsenal de vieilles guerres. La loi n'en a pas parlé le mot. « accaparement » n'est pas prononcé dans la loi du 20 avril 1916, ce mot n'est pas davantage prononcé dans l'article 419 du code pénal. Ce n'est qu'un des petits moyens de commettre le nouveau délit. C'est un moyen enfantin : il faut aux guerres modernes des méthodes plus savantes et des instruments de destruction plus perfectionnés. Tandis que les poètes écrivent « sur des pensers nouveaux, faisons des vers antiques », les brasseurs d'affaires, eux, appliquent aux idées anciennes des méthodes toutes nouvelles.

Quelles sont ces méthodes ? Il est indispensable à ce point de vue de faire une incursion dans le droit commercial et dans le droit maritime.

Au point de vue commercial, qui dit commerçant, dit acheteur pour revendre Le droit commun permet à chacun de s'obliger à terme et d'acheter, en renvoyant l'exécution du contrat à une époque plus ou moins éloignée.

Les ventes commerciales sont — comme toutes les autres ventes — soumises à toutes les stipulations que veulent leur imposer les parties, à la condition que la cause ne soit pas illicite, qu'elle ne soit pas contraire aux bonnes mœurs : c'est le principe posé par l'article 1.113 du code civil.

Ces règles sont applicables à la vente des effets publics. Rien ne s'oppose à ce que la vente des effets publics, quels qu'ils soient, puisse avoir lieu à terme aussi bien qu'au comptant. Ces règles s'appliquent en même temps aux denrées et marchandises.

Quand il s'agit des effets publics l'opération s'appelle plus particulièrement « marché à terme » ; elle prend le nom de marché à livrer quand il s'agit des denrées et marchandises.

Jusqu'en 1885, ces marchés à terme et ces marchés à livrer étaient considérés par la loi comme nuls, comme non avenus. Nul ne pouvait être forcé de tenir sa promesse; on se contentait « d'exécuter » celui qui ne payait pas, en lui interdisant l'accès de la Bourse.

Cependant la jurisprudence avait consenti certaines modifications : elle avait suivi l'évolution économique, car il ne faut pas oublier que le XIXᵉ siècle a vu naître et grandir la fortune mobilière. On évaluait, à la fin du siècle dernier, à deux cent trente milliards la fortune immobilière de la France ; on évaluait à cent milliards l'ensemble des valeurs collectives qui représente la fortune mobilière. Aujourd'hui ce chiffre doit être beaucoup plus élevé si nous y faisons entrer les emprunts de guerre.

La jurisprudence avait été obligée, dans une très large mesure, de tenir compte de cette évolution économique qui n'existait pas à l'époque du code de 1810. Le législateur de 1810 n'avait pas eu cette préoccupation des valeurs mobilières ; il ne pouvait pas l'avoir.

La nouvelle jurisprudence admettait les opérations de spéculation en les limitant.

Cette jurisprudence est résumée dans un passage du répertoire de Dalloz, nº 42 bis, page 1395.

« Dans cette défense, ajoute M. Dalloz, on n'entend comprendre que les opérations sérieuses et morales du commerce des capitaux et de la spéculation licite. Mais personne, cela est bien explicable, n'a voulu prendre la défense de l'agiotage, c'est-à-dire de ces opérations reposant sur des bases fictives et dans lesquelles la hausse ou la baisse sont produites par les opéra-

teurs eux-mêmes au moyen de ces manœuvres déloyales, d'assertions mensongères, de coalition de bruits et de rumeurs répandus à dessein et contre-carrés. D'un autre côté, quelques esprits hardis ont eu seuls la pensée de plaider la cause de ces opérations qui, sous l'apparence de marchés à terme réguliers, ne constituent, en définitive, que des jeux de Bourse prohibés et punis par les articles 421 et 422 ».

Ce sont ces esprits hardis qui ont cependant amené la loi de 1885. Les rapports très importants de M. Naquet, tour à tour rapporteur à la Chambre des députés et rapporteur au Sénat, sont intéressants à ce sujet.

M. Naquet indiquait dans ses différents rapports, d'une part que le développement de l'économie politique a conduit à envisager la spéculation sous un jour nouveau ; d'autre part, que l'examen pratique, aussi bien du reste que l'examen théorique, avait prouvé que la loi ancienne, en restreignant la spéculation, la suppression, ou tout au moins la diminution du jeu, n'avait pas atteint du tout son but ; que, au contraire, les lois sous lesquelles nous vivons encore, malgré les atténuations de la jurisprudence, avaient favorisé le jeu, bien loin de l'empêcher.

« La spéculation, autrefois presque confondue avec le « jeu » et considéré comme un moyen illicite d'acquérir la fortune, a été relevée de son indignité par la science économique ; elle est considérée à cette heure comme un des principaux moyens de production, d'échange, de découverte, comme la force qui met en œuvre les éléments dont se composent le commerce et l'industrie ».

Et M. Naquet rappelle alors la parole de Proudhon.

« La spéculation est à proprement parler le génie de la découverte. C'est elle qui innove, qui pourvoit, qui résout, qui, semblable à l'esprit infini, crée de rien toute chose. Elle est la faculté essentielle de l'économie. Toujours en éveil, inépuisable dans ses ressources, méfiante dans la prospérité, intrépide dans les revers, elle avise, conçoit, raisonne, définit, organise, commande, légifère. Le travail, le capital, le commerce exécutent. Elle est la tête, ils sont les membres. Elle marche en souveraine, ils servent en esclaves. Son action est universelle. Le premier qui laboura un champ, qui enferma du bétail dans un parc, qui fit fermenter du jus de pomme ou de raisin, qui creusa au moyen de la flamme un canot dans un tronc d'arbre fut tout autant spéculateur que celui qui longtemps après imagina la monnaie ou la lettre de change ».

La spéculation ainsi réabilitée, trouva dans la loi de 1885 sa consécration. La loi de 1885 a eu pour conséquence d'abroger définitivement toute la législation antérieure qui avait cherché à réprimer l'agiotage.

C'est l'arrêt en conseil du 24 septembre 1724 et les arrêts des 7 août 1785 ; 22 septembre 1786 et 11 juillet 1787 qui punissa'ent très sévèrement les agioteurs.

Avant la loi de 1885, le spéculateur essayait de se soustraire à l'exécution de ses engagements en opposant l'exception de jeu tirée de l'article 1865.

Le principe posé par les tribunaux était que le juge avait le pouvoir souverain d'apprécier si l'opération était une opération sérieuse ou légitime, ou simplement un jeu sur la différence de prix ; si elle excédait les moyens de celui qui l'entreprenait (*Gazette du Palais*, 65-2-736 ; D. P., 85-5-172 ; *Gazette du Palais*, 62-1-379 ; *Gazette du Palais*, 83-2-73 ; D. P., 55-1-292 ; D. P., 73-2-240 ; 59-2-70 ; D. P. 85-4-25.

Postérieurement à la loi de 1885, il y eut encore un moment d'hésitation ; mais, après l'arrêt du 22 juin 1898 (1), il ne pouvait plus y avoir l'ombre d'un doute, et la Cour de cassation, dans cet arrêt, fixe d'une façon définitive sa Jurisprudence.

« Lorsque des opérations, soit sur des effets publics et autres, sur denrées et marchandises, ont pris la forme de marché à terme ou de marchés à livrer, la loi du 28 mars 1885, dont la disposition est essentiellement impérative, interdit aux parties d'invoquer l'exception de jeu et aux juges de rechercher l'intention des parties.»

Je ne sais si M. Proudhon et si M. Naquet, à l'heure grave que nous traversons, oseraient affirmer l'utilité et la nécessité de la spéculation sans freins. Je crois en effet qu'en temps de paix elle chasse la somnolence commerciale, ébranle dans la routine et lance l'activité humaine dans de nouvelles voies. En ce sens, elle est un

(1) *Dalloz Périodique*, 99-1-5 et note de M. Lacour.

facteur important, sinon de la production au moins de la mise en œuvre de cette production. Mais il y a toujours en présence les deux camps. Ceux qui jouent à la hausse et le « coin des corbeaux » comme on disait à la Bourse de Paris, ceux qui jouent à la baisse. La surveillance des derniers calme la frénésie des premiers et le consommateur trouve son compte dans cette lutte continuelle.

Mais la guerre apporte à cette situation une modification profonde. Les nécessités d'une intense production militaire réduisent la production nationale et les moyens de transports sont presque exclusivement réservés à des buts militaires. Les stocks sont plus rares, plus de crise de surproduction, dès lors rien à redouter du côté de la baisse. La spéculation s'exerce alors tout entière dans le sens de la hausse. Elle aboutit à la création d'intermédiaires inutiles entre le producteur et l'importateur d'une part et le consommateur d'autre part. Les marchandises circulent, théoriquement, — de mains en mains — par marchés et contrats, s'augmentant à chaque stade de bénéfices et de frais de toute nature.

La Cour de Poitiers dans un arrêt du 28 juin 1918 — aff. Boulay — a mis en lumière la différence entre l'accaparement et la spéculation illicite. « Attendu que la loi du 20 avril 1918 sur la taxation des denrées et substances, révèle dans son article son but précis que le législateur ému et inquiet d'un renchérissement rapide et continu qui n'était pas dû seulement à des causes normales et prévues, s'est proposé d'atteindre le spéculateur peu scrupuleux qui, par ses agissements malhonnêtes, aggravait dangereusement une situation déjà difficile ; qu'il a envisagé des individus qui, en drainant par devers eux la plus grande quantité possible de telle ou telle marchandise la raréfient au point de la rendre introuvable, deviennent, par la constitution des stocks considérables qu'ils écoulent à l'heure propice, les maîtres du marché et les arbitres des prix que leur cupidité élève à un chiffre inabordable pour ceux dont les ressources sont modestes et qui, forment l'immense majorité de la population. Que c'est bien là l'accaparement que vise la loi quand elle parle de la spéculation qui n'est pas jus-

ifiée par les besoins des approvisionnements.

« Mais attendu que, si parmi les modes
multiples de la spéculation l'accaparement
est le plus tangible et le plus frappant,
celui aussi que la loi a voulu particulièrement atteindre il n'est pas le seul employé
par les spéculateurs.

« Qu'après avoir visé les individus qui se
livrent à cette forme d'accaparement, le
législateur a envisagé aussi ceux qui sont
ou s'improvisent courtiers, commission-
naires, intermédiaires quelconques, qui
n'ont ni magasin, ni entrepôt, parfois
même pas d'autres fonds que les bénéfices
éventuels qu'ils escomptent, qui revendent
la marchandise aussitôt après l'avoir ache-
tée, souvent même la vendent avant de sa-
voir comment ils se la procureront et en
fixent arbitrairement le prix, non pas d'après
un cours normal et régulier, né du jeu de
la libre concurrence, mais d'après l'urgence
des nécessités et des ressources des acqué-
reurs empressés; que le législateur ne pouvait pas demeurer et n'est pas demeuré in-
différent à ce procédé qui, en donnant lieu
à une circulation intense de la marchandise, est en quelque sorte le *contraire de
l'accaparement*, mais aboutit en fait au
même résultat criminel, celui d'une hausse
immodérée, — que c'est bien ce procédé que
définissait le rapporteur en des termes qui
ont passé dans la loi quand il parlait « des
individus qui, en achetant du charbon et
en le revendant à un prix hors de proportion avec le prix normal, ont opéré la
hausse dans un but de spéculation illicite,
c'est-à-dire non justifiée par les besoins
de leurs approvisionnements ou par les
légitimes prévisions industrielles et commerciales.

« Qu'il en résulte que le plus souvent,
comme la Cour l'a déjà jugé dans des
affaires antérieures, il y aura dans le
délit de spéculation illicite un fait d'accaparement réalisé sous une forme ou sous
une autre, mais que le tribunal a eu tort
de déclarer que la spéculation illicite ne
pouvait pas exister sans la constatation
nécessaire et indispensable d'un fait d'accaparement ; qu'elle peut au contraire, et
en dehors de tout accaparement, être
caractérisée par une hausse excessive du
prix de la marchandise due à un désir
immodéré de lucre » (1)

(1) *Gazette du Palais*, 17 octobre 1918.

Le Tribunal de Marseille, dans un jugement du 15 novembre 1917 (1), avait inau-
guré cette jurisprudence aujourd'hui définitivement consacrée par la Cour suprême
en disant « que le législateur a entendu
prévenir et réprimer soit la raréfaction
même momentanée de ces denrées provoquée ou obtenue par des spéculations inspirées par des idées d'accaparement, réa-
lisée même sans aucun concert ou moyen
frauduleux, soit encore et aussi les spéculations caractérisées par des opérations
qui excèdent dans une proportion manifeste les besoins d'approvisionnements ou
les légitimes prévisions industrielles ou
commerciales de ceux qui s'y livrent et qui,
même en l'absence de toute manœuvre
d'accaparement proprement dit, ne poursuivent dès lors aux yeux de la loi d'autre
objectif que celui de provoquer, à l'aide
de combinaisons commerciales conclues
sous des modalités consacrées pour les
usages locaux de chaque place, la hausse
artificielle et illicite des denrées sur lesquelles elles portent, plaçant ainsi à leur
discrétion le consommateur tenu de se
plier à leurs exigences ».

Ainsi donc la spéculation illicite peut
être pratiquée de deux façons :

1º Accaparement ;

2º Agiotage sur les denrées et marchandises dont il convient maintenant de
déterminer le caractère et les éléments
constitutifs.

CHAPITRE III

ÉLÉMENTS CONSTITUTIFS DU DÉLIT DE HAUSSE PAR LA SPÉCULATION ILLICITE

Afin de caractériser les différences pro-
fondes existant entre le droit nouveau,
émanant de l'article 10, et la législation du
Code pénal, sous l'empire de l'article 419
et sous la réserve expresse que cette com-
paraison ne s'applique qu'à l'accaparement, alors que le droit nouveau ne voit
en lui qu'un des modes de perpétration de
délit, nous croyons devoir au commence-
ment de cette étude, donner l'interprétation si nette et si juridique de l'article 419
par M. L. Sarrut. — D. P. 93-1-49.

« L'article 419 c. pén., considéré dans
son ensemble et réduit à sa formule théo-

(1) *Thémis*, 30 décembre 1917.

rique, substantielle, punit quiconque opère, par des moyens frauduleux quelconque, la hausse ou la baisse du prix des denrées ou marchandises au-dessus ou au-dessous des prix qu'aurait déterminés la concurrence naturelle et libre du commerce. L'infraction se compose d'un double élément, l'avènement de la hausse ou de la baisse, l'emploi de moyens frauduleux. La simple tentative n'est pas punissable ; les moyens, quels qu'ils soient, employés pour fausser le cours, ne tombent, malgré leur caractère frauduleux, sous l'application de la loi pénale qu'autant que ce résultat a été obtenu. (Crim. cass., 17 janv. 1818, Jur. gén., v° Tentative, n° 112-6° ; Paris, 29 août 1833, Jur. gén., v° Industrie et Commerce, n° 424-1° ; Crim. rej., 1er février 1834, Jur. gén., v° Industrie et Commerce, n° 424 ; 1° Crim. rej., 29 mai 1840, Jur. gén., v° Boulanger, n° 70 ; Crim. cass., 9 avril 1863, D. P., 64, 1, 53 ; Paris, 28 fév. 1888, infrà, 2° part., p. 69).

« D'autre part, l'altération des Cours doit être, par une relation directe, la conséquence de moyens frauduleux, de telle sorte qu'il soit constant en fait que ces moyens frauduleux ont entraîné une hausse ou une baisse qui ne se serait pas produite si l'on fût resté dans les conditions normales de la concurrence. D'ailleurs, ces deux éléments constitutifs du délit qu'indique l'art. 419 c. pén. seraient requis par les principes généraux du droit : en droit commun, la tentative du délit n'est pas punissable (art. 3, c. pén.), et tout délit suppose chez l'agent l'intention frauduleuse.

« A titre d'exemple, et non limitativement, l'art. 419 C. pén., signale comme moyens frauduleux les faits faux ou calomnieux semés à dessein dans le public, les suroffres aux prix que demandaient les vendeurs, la coalition entre les principaux détenteurs d'une même marchandise. L'accaparement n'est pas un délit spécial, distinct ; l'accumulation aux mains d'un seul, la concentration aux mains de plusieurs d'une même marchandise ou denrée, cette concentration, procédât-elle d'un plan concerté, n'est pas illicite. Le commerce et l'industrie ont besoin d'approvisionnements ; il faut parer aux éventualités de l'avenir. Faire mainmise sur un produit, sur une denrée en vue d'une revente avec bénéfice, c'est user d'un droit dont le libre exercice intéresse au plus haut degré le commerce. Comment abandonner à l'appréciation du juge, appréciation arbitraire, puisque aucun criterium ne serait fourni par la loi, le point de décider si, selon les espèces, susceptibles de varier à l'infini, il y a approvisionnement légitime ou accaparement dans le sens défavorable du mot ? Ne serait-ce pas paralyser l'initiative individuelle, faire peser une sorte de suspicion sur les vastes entreprises ?

« Dès lors, quelle que soit l'importance des achats, y eût-il même en fait véritable accaparement, quelle que soit la hausse ou la baisse provoquée par ces opérations, aucune infraction à la loi pénale ne sera relevée. Le délit suppose une hausse, une baisse illicite, c'est-à-dire des manœuvres frauduleuses qui, pesant sur le marché, ont faussé les cours. Pour que l'accaparement, fait licite en lui-même, portât-il sur des quantités énormes, se transforme en délit, il faut que des manœuvres frauduleuses aient vicié les cours ; dans cette hypothèse, l'accaparement était le moyen de tirer profit des cours faussés intentionnellement. »

Quelles sont les modifications apportées par la loi nouvelle ?

Art. 10 de la loi du 20 avril 1918 :

« Seront punis de peines portées en l'art. 419 du Code pénal, tous ceux qui, pendant la durée de l'application de la présente loi, soit personnellement, soit en tant que chargé à un titre quelconque de la direction ou de l'administration de toute société ou association, — même sans emplois de moyens frauduleux, — mais dans un but de spéculation illicite, c'est-à-dire non justifiée par leurs besoins de leurs approvisionnements ou de légitimes prévisions industrielles ou commerciales, auront agréé ou tenté d'opérer la hausse du prix des denrées ou marchandises au-dessus des cours qu'auraient déterminés la concurrence naturelle et libre du commerce. »

TOUS CEUX QUI.... L'art. 419 du Code pénal énumérait comme l'un des modes du délit, l'entente concertée, la coalition entre les principaux détenteurs de la marchandise. Condition facile à réaliser de la part de ceux qui, mus par un désir de hausse, se coaliseront contre la masse des consommateurs, mais difficile, sinon impossible, à établir pour le ministère public.

L'art. 10, par sa formule très générale tous ceux qui... et par l'énumération qui suit : soit personnellement, soit comme représentant autorisé d'une collectivité, a fait disparaître la nécessité de l'entente et de la coalition, pour l'application du nouvel article.

Remarquons en passant, que l'article 419 n'est mentionné dans le nouvel article qu'à titre de référence pour l'application du quantum de la peine, mais que le délit créé par l'article 10 est nouveau et se diffère très nettement du délit prévu et puni par l'ancien article 419.

Les peines édictées sont en général celles de l'art. 419 : un mois au moins — un an au plus — amende de 500 à 10.000 fr. Elle est aggravée lorsque la hausse a été opérée ou tentée sur les denrées et substances déterminées aux art. 1 et 12, c'est à-dire : sucre, café, huile et essence de pétrole, pommes de terre, lait, margarine, graines alimentaires, huiles comestibles, légumes secs, engrais commerciaux, sulfate de cuivre et soufre, blé, farine, viande, etc. Elle sera, dans ce cas, d'un emprisonnement de 2 mois au moins et de 2 ans au plus, et d'une amende de 1.000 fr. à 20.000 fr. L'art. 463 du Code pénal est applicable.

En vertu des principes généraux de notre droit pénal, la loi du 20 avril 1918 n'ayant pas interdit l'application de la loi du 26 mars 1891, le sursis peut être accordé pour la prison et pour l'amende.

Denrées et marchandises. — La distinction établie par l'art. 10 se justifie difficilement. Il est naturel de punir plus sévèrement les opérations délictueuses portant sur les denrées, c'est-à-dire ce qui se vend pour la nourriture des hommes et des animaux, et de se montrer moins sévère pour les marchandises, en donnant à ce mot le sens des choses dont on fait trafic en dehors des denrées. Mais l'art. 10 n'a pas établi cette distinction. Ni l'art. 1, ni l'art. 12, ne comprennent des denrées de première nécessité et de très grande valeur de remplacement, comme : vin, riz, beurres, bière et chocolat. L'art. 1 parle des huiles comestibles et néglige les graines oléagineuses qui, nul ne l'ignore, font à l'huile d'olive une redoutable concurrence.

La distinction est donc factice. Elle n'a d'autre explication que celle-ci. L'art. 10 était intercalé dans une loi qui ne visait dans son projet primitif que la taxation des denrées et substances. Pour des raisons qui n'ont rien de juridique, certaines denrées et substances furent tenues à l'écart de la taxation. La taxe a été déclarée ultérieurement applicable à certaines autres, mais les art. 1 et 12 n'ayant pas été modifiés, les pénalités du deuxième paragraphe de l'art. 10, ne peuvent les atteindre.

Il n'y a, au surplus, qu'un intérêt théorique à cette distinction, les Tribunaux n'ayant jamais atteint le maximum prévu à l'art. 419.

Il faut donner aux mots denrées et marchandises l'acception la plus générale et la plus étendue. Et le nouvel art. 10 diffère à ce point de vue du décret de 1793 qui ne punissait que l'accaparement des denrées de première nécessité.

On avait essayé de soutenir que les sanctions de l'art. 10 ne pouvaient s'appliquer qu'aux denrées et substances prévues à l'art. 1er et susceptibles d'être taxées.

La Cour de Paris, dans son arrêt du 14 mars 1918, a fait justice de cette importante restriction à la portée de la loi en décidant : « Qu'il est contraire et au texte et à l'esprit de la loi de 1916 de soutenir que l'art. 10 ne s'applique qu'aux denrées et substances prévues dans l'art. 1er. Qu'en effet l'art. 10 de la loi de 1916, comme d'ailleurs l'art. 419 C. pén. prévoit deux degrés de pénalités, une modérée dans le paragraphe premier pour les choses qui ne sont pas spécifiées, une plus sévère au paragraphe 2 lorsqu'il s'agit justement des choses prévues à l'art. 1er ; qu'il est donc bien certain que le paragraphe 1er vise toute espèce de marchandises.

« Que d'ailleurs il est incontesté en jurisprudence que l'art. 419 est applicable à tout ce qui est susceptible d'avoir un cours, même aux choses incorporelles, tels les droits et créances résultant des trafics commerciaux comme le fret et le cours des transports. »

Nous appelons plus particulièrement l'attention sur la dernière partie de ce considérant d'une importance capitale pour les ports et pour les compagnies de navigation.

Moyens employés. — Une autre condition plus importante encore rendant lettre morte l'art. 419 était la nécessité d'établir l'emploi de moyens frauduleux. La nouvelle législation admet que le délit peut être commis par n'importe quel moyen.

Mais ici nous allons nous heurter à de

très sérieuses objections. Nous sommes en matière pénale et par conséquent de droit étroit. Tous les textes du C. pén., et notamment l'art. 419, énumèrent, limitativement, les conditions de leur application. Le texte de l'art. 10 est au contraire sans limites. La rédaction volontairement imprécise et vague permet toutes les généralisations. Le législateur a voulu laisser aux tribunaux le soin d'apprécier, en se contentant de donner des directives. Cette délégation du pouvoir législatif au pouvoir judiciaire est un fâcheux précédent et un redoutable cadeau offert au pouvoir judiciaire.

L'opinion du monde du commerce était peu préparée à une transformation brutale et peut-être eût-il mieux valu préparer cette opinion par l'utile intervention des organisations commerciales, mais il faut reconnaître que le temps pressait.

D'autre part, et c'est l'inconvénient inséparable de l'idée de justice répressive, la loi est arrivée trop tard. Si au moment de l'enthousiasme des premières heures, alors que le commerce était paralysé subitement par la mobilisation, on eût demandé aux commerçants et industriels de consentir des sacrifices, ils eussent bien volontiers adhéré. Si à ce moment une organisation collective et compétente, sous le contrôle de l'Etat, avait pris dans chaque centre de production ou d'importation importants, la direction du mouvement contre les spéculateurs français et surtout étrangers, le flot de la spéculation eût été endigué. Mais nous nous sommes tous leurrés de l'espoir d'une guerre terrible, mais courte et lorsque, les mois passant, le commerce honnête s'est ressaisi, il avait été précédé, dans la reprise de la vie industrielle et commerciale, par l'audacieuse entreprise d'esprits aventureux et sans scrupule. La mauvaise voie était tracée, dans laquelle il était bien difficile et contraire même à l'idée fondamentale du commerce, acheter bon marché et vendre cher, de ne pas s'engager. La loi, si imparfaite soit-elle ne saurait supporter tout le poids d'une critique qui doit s'adresser surtout à notre défaut de prévoyance et à notre indiscipline, aboutissant à ce défaut d'organisation qui a coûté si cher à notre patrie depuis ses origines jusqu'à nos jours.

Si l'on avait voulu se contenter de moraliser le marché, il eût été plus simple de décréter : « Nul n'a le droit de s'enrichir en temps de guerre » et d'assortir cette affirmation morale de sanctions appropriées. Le législateur ne l'a pas fait et, à moins de décréter et d'organiser sur l'heure l'application des principes du socialisme d'Etat et de créer de toutes pièces une organisation commerciale et industrielle appropriée, il ne pouvait le faire. C'eût été entraver et annihiler au point de vue économique l'initiative individuelle, dont l'activité est en raison directe du bénéfice à réaliser.

Le législateur a laissé subsister, au moins en principe, la liberté du commerce et de l'industrie et l'on s'explique assez facilement la surprise et les protestations des commerçants à qui il est déclaré . « Vous n'avez plus le droit de faire aujourd'hui ce que vous faisiez hier et de temps immémorial ». Comment leur faire admettre que les actes de commerce légaux et valables en soi, qu'ils accomplissent tous les jours, peuvent néanmoins les amener en correctionnelle en certains cas ? Il y a à la une contradiction au moins apparente qui tient à l'imprécision du texte et que seule une jurisprudence documentée fera disparaître.

La mission des Tribunaux est d'autant plus délicate, que les moyens employés suivent exactement les usages du commerce et relèvent souvent à la fois du droit maritime, du droit commercial, de l'économie politique. Il est bien difficile à des experts, chargés d'éclairer la religion du Tribunal, de déterminer l'infraction en des matières aussi délicates, d'autant que l'instrument qui permet de la déceler, la loi, leur échappe, avec son sens nouveau.

Comme il est absolument impossible de déterminer les moyens des spéculateurs, car en cette matière l'ingéniosité à tourner la loi est toujours plus grande et les moyens infinis, c'est aux principes posés par le nouvel art. 10 qu'il conviendra de s'attacher.

Nous pourrons ainsi déterminer pourquoi le marché à livrer qui est à la base de toutes les tractations commerciales, surtout dans les ports, peut devenir, dans certains cas, une spéculation illicite. Ces mêmes principes permettront de connaître aussi pourquoi la méthode commerciale très pratique du règlement des différences se référant à des contrats successifs, indépendants, mais portant sur la même nature de marchandises, dénommée filière, peut être considérée, sinon *a priori*, comme une présomption de spéculation illicite, tout au moins, en certains cas, être symptomatique de cette spéculation.

Enfin et surtout la détermination des principes posés par l'art. 10, permettra de comprendre comment le warentement, le nantissement des marchandises, le recours aux banques, bien que parfaitement légaux, d'un usage courant, qui tend à se développer et qui sont les indispensables leviers du commerce moderne, peuvent devenir, le cas échéant, des moyens de spéculation illicite.

Éléments constitutifs du délit. — La jurisprudence a été, jusqu'à ce jour, assez hésitante et même contradictoire. Elle a été résumée par M. le Garde des Sceaux Nail, dans sa circulaire du 13 août 1918. « Cette dernière disposition législative (art. 10 de la loi du 20 avril 1918) avait donné lieu, dans la jurisprudence, a des divergences d'interprétation : certaines Cours et certains Tribunaux considéraient le délit de spéculation illicite, comme suffisamment caractérisé dès lors qu'il y avait réalisation de bénéfices excessifs. D'autres, au contraire, exigeaient la constitution d'approvisionnement injustifiés. Par un arrêt du 21 juin 1918, la Cour de Cassation a définitivement consacré l'interprétation la plus extensive ; elle a décidé que la spéculation illicite pouvait résulter soit d'approvisionnements non justifiés, soit d'opérations ne rentrant pas dans l'exercice normal et régulier d'une profession industrielle ou commerciale. Ainsi l'accaparement n'est que l'une des formes du délit créé par l'art. 10 de la loi du 20 avril 1918, délit qui peut être réalisé par tous autres moyens. »

Bénéfices exagérés. — L'application de l'art. 10, disait la première jurisprudence, est d'une élémentaire simplicité, il suffit de constater que les prix de vente sont exagérés, exorbitants pour déclarer que cette exagération entraîne la hausse et, par conséquent, le délit. Cette thèse était évidemment très simple et la constatation du délit facile à établir, une appréciable différence dans les prix suffisait.

Malheureusement, cette théorie était contraire au texte de la loi et à la pensée du législateur. Contraire au texte de la loi puisqu'on chercherait en vain, dans l'art.

10, un mot permettant de considérer le bénéfice exagéré comme un criterium du nouveau délit. Un mot émerge du texte, c'est le terme de spéculation illicite. Le législateur pouvait dire qu'elle résultait de l'exagération des prix. Il l'a définie, au contraire, comme étant la hausse opérée ou tentée par des opérations que ne justifient pas les besoins des approvisionnements et les légitimes prévisions commerciales et industrielles.

Cette interprétation était aussi contraire à la pensée du législateur. Il suffit, pour s'en convaincre, de rappeler les termes mêmes du discours de M. le Garde des Sceaux Viviani : « Si l'on voulait faire du criterium des bénéfices nets supérieurs en 1916 aux bénéfices réalisés en 1913, matière à délit, je le dis très nettement, je ne l'aurais pas accepté. En effet, je trouverais que, dans une certaine mesure, nous pourrions commettre des injustices et, dans une plus large mesure, nous n'irions pas assez loin... Donc à la condition que les bénéfices nets ne soient pas à la base du délit, mais qu'ils soient considérés par le juge, comme une aggravation même du délit propre, je tombe d'accord... (1). »

Dans une certaine mesure nous pourrions commettre des injustices, disait le Garde des Sceaux. J'ajoute, et ceci serait infiniment grave, tarir la principale source du ravitaillement de notre pays : l'importation.

Restreint dans sa production agricole par l'absence de millions de bras qui ont abandonné l'outil pour prendre les armes, restreint dans sa production industrielle et manufacturière pour les mêmes motifs, notre pays a dû délaisser les seins qui l'allaitaient autrefois. Privé de ses sources ordinaires de vie, la France attend des grands ports où s'amorcent les artères nourricières, les éléments de sa subsistance et nos ennemis, s'ils se sont trompés en fait, ne s'étaient pas trompés en principe en voulant tarir cette source.

Ce serait une grande erreur d'assimiler les grandes firmes d'importation aux modestes commerces de petites villes. Par la multiplicité et la complexité de leurs opérations, l'importance des capitaux engagés, les aléas de toutes natures de la navigation, les importateurs méritent dans

(1) *Journal officiel*, 16 avril 1916, p. 346.

l'intérêt général un traitement de faveur. L'injustice serait de les assimiler à des commerçants ou à des intermédiaires qui ne courent aucun risque et pour lesquels les bénéfices réalisés sont toujours ou à peu près des bénéfices nets. D'autre part l'importation n'est pas seulement un acte de commerce, c'est une fonction sociale en tout temps, nationale en temps de guerre. Il est juste que si l'acte de commerce comporte un bénéfice, à ce bénéfice légitime viennent s'adjoindre les bénéfices plus légitimes encore qui découlent des dangers et des aléas courus et des services rendus.

Les importateurs sont à l'heure actuelle et seront longtemps encore, même après la cessation des hostilités, les seuls fournisseurs de la France. Qui oserait soutenir que la France n'a pas un impérieux besoin d'approvisionnement et que si exagérées que soient les prévisions que l'on puisse faire pour son ravitaillement, ces prévisions ne seront pas toujours légitimes, parce qu'elles seront toujours au-dessous de la réalité des besoins. J'estime que, quels que soient les bénéfices réalisés, et la loi du 1er juillet 1916 (1) est là, comme régulateur, les importateurs doivent jouir d'une immunité absolue. Si par crainte de poursuites, les importateurs arrêtaient ou diminuaient l'importance de leurs opérations, ou dirigeaient vers les ports neutres ou alliés les navires destinés aux ports de France, leur bénéfice ne diminuerait guère, mais notre ravitaillement serait singulièrement compromis.

A cette immunité il est nécessaire cependant d'imposer un correctif. Il n'y a, à vrai dire, qu'un importateur, celui qui recherche et transporte en France les denrées d'outre-mer, mais tous ceux qui, dans la suite, achètent ou vendent cette marchandise ne sont pas des importateurs au prétexte qu'ils trafiquent sur des marchandises d'importation. Ce sont même, en général, les plus gros spéculateurs achetant et revendant la marchandise avant qu'elle ne soit embarquée ou pendant qu'elle flotte, sans l'intention d'en prendre livraison et dans l'unique but d'encaisser des différents.

L'immunité de l'importateur ne saurait protéger cette catégorie de spéculateurs.

(1) Contribution extraordinaire sur les bénéfices supplémentaires réalisés pendant la guerre.

En faisant des bénéfices le criterium du délit, ajoutait le Garde des Sceaux, nous n'irions pas assez loin et ceci est encore plus exact.

Il faudrait d'abord ne jamais exercer de poursuites quand les bénéfices sont réduits et à plus forte raison quand il y a des pertes. Que devient dans ce cas la tentative ? Or le texte déclare formellement qu'elle est punissable. Il ne suffira pas qu'un commerçant, par imprudence ou maladresse, n'ait pas réussi son opération de spéculation et invoque des pertes pour qu'il demeure indemne.

D'autre part, les décisions de justice qui se sont fondées sur les bénéfices pour caractériser le délit n'ont eu à examiner que des opérations commerciales d'une élémentaire simplicité où le bénéfice se déduit assez facilement de la différence entre le prix d'achat et le prix de vente, mais la constatation eût été moins simple si elle avait dû porter sur un ensemble d'opérations comprenant à la fois des exécutions de marché à livrer, des règlements de filière, des nantissements et des warrantements de marchandises. La fixation des bénéfices en ces matières dépend de l'examen de toute une série de questions sur les frais généraux, les frais spéciaux afférents à la marchandise, les courtages et les assurances de toute nature, les comptes de banque, pour ne citer que les principaux éléments d'appréciation.

En ces matières où les professionnels se meuvent aisément mais où s'empêtrent les experts, la supercherie et la dissimulation sont faciles et plus encore les erreurs de bonne foi, d'autant que les opérations s'enchevêtrent, portent sur des exercices différents et souvent l'opération qui dans un inventaire paraissait donner un bénéfice, donne comme résultat au règlement définitif une perte ! Comment dès lors faire d'un élément aussi douteux, aussi facile à réduire et à dissimuler le criterium du délit ? Avec cette théorie les actes les plus importants du commerce et de l'industrie échapperaient au contrôle et à la sanction.

Le Tribunal de Marseille a nettement précisé le caractère des bénéfices dans son jugement du 15 novembre 1917. Attendu, dit-il, au surplus que le chiffre des bénéfices de X..., fût-il exactement celui qu'il accuse, ce fait ne serait pas de nature à exercer la moindre influence sur la nature juridique des actes qui lui sont imputés et qui doivent être appréciés en eux-mêmes dans leur essence, dans leurs éléments constitutifs, d'après leur caractère intentionnel et non point d'après les avantages pécuniaires qui en sont résultés, le fondement de l'incrimination de spéculation illicite résidant principalement dans l'intention avérée et constatée de la part du délinquant de faire échec pour obtenir, dans un esprit de lucre, la hausse de certaines denrées ou marchandises au-dessus du prix qu'aurait déterminé une concurrence loyale, — au libre jeu de l'offre et de la demande, consacré comme un principe d'ordre public par la loi de police et de sûreté que constitue en réalité au premier chef la loi du 20 avril 1916 » (1).

Il nous semble donc que cette mise au point est de nature à calmer les légitimes inquiétudes des organisations commerciales, demandant au pouvoir public de préciser les limites exactes du bénéfice licite (2). Le bénéfice quel qu'il soit ne peut donner lieu à poursuites que s'il est la conséquence d'un acte délictueux et il ne peut être envisagé comme aggravation que lorsque le délit est nettement établi.

Cependant il n'est pas possible d'affirmer qu'un bénéfice considérable, élevant le prix de la marchandise sensiblement au-dessus du prix courant et actuel, sera licite en toutes circonstances.

Si certaines questions d'espèces très particulières viennent à se présenter, il appartiendra au juge de les trancher.

Besoins des approvisionnements et légitimes prévisions. — La jurisprudence qui se fonde pour déterminer le criterium du délit sur les besoins des approvisionnements et les légitimes prévisions nous paraît au contraire beaucoup plus solide.

Cette doctrine a le triple mérite d'être conforme au texte de la loi, à l'esprit du législateur et de retenir en plus grand nombre les spéculateurs dans l'emprise de la poursuite.

Comme dans tout délit deux éléments

(1) *Thémis*, 10 décembre 1917.
(2) Rappport de M. Lucien Artaud, membre de la Chambre de Commerce de Marseille, et adopté par cette Compagnie le 26 mars 1918.

vont être indispensables : l'élément matériel et l'élément intentionnel.

Elément matériel : Opérer ou tenter d'opérer la hausse des denrées marchandises par n'importe quel moyen au-dessus du cours normal.

Elément intentionnel : Dans un but de spéculation illicite, c'est-à-dire non justifié par les besoins des approvisionnements et les légitimes prévisions industrielles et commerciales.

Pour le premier élément les parquets et les tribunaux devront se préoccuper de la recherche et de l'analyse des moyens ; pour le second de l'intention que le législateur présume frauduleuse lorsqu'elle ne sera pas dictée par la nécessité : 1° des besoins immédiats : approvisionnements ; 2° des besoins médiats : légitimes prévisions.

Le législateur n'a pas interdit, est-il besoin de le dire, la constitution des stocks, et ce n'est pas l'importance de ces stocks qui constituera un délit. Il est nécessaire, indispensable qu'il y ait des stocks de plus en plus importants. L'essentiel c'est que ces stocks ne soient pas, dans un but de lucre, détournés de leur destination naturelle qui est la consommation, et pour ce faire intervient utilement la double notion de nécessité des approvisionnements et de légitimes prévisions.

Besoins des approvisionnements. — Que faut-il entendre par besoins des approvisionnements, formule assez vague et assez imprécise ? Je serais volontiers tenté de rapprocher cette notion de la notion même d'accaparement, c'est-à-dire de la retention matérielle des denrées dans un but de lucre. Telle société possède dans ses entrepôts cent mille tonnes de marchandises ; si elle justifie que ce stock elle en a le placement dans sa clientèle, qu'il résulte de l'examen de ses livres que dans les exercices précédents elle utilisait ou à peu près la même quantité, pas de délit. Tel commerçant n'a au contraire dans ses magasins que cinquante tonnes de marchandises, mais il n'était pas commerçant avant la période critique, *il n'a pas de clientèle* ou bien encore il ne pratiquait pas le même genre de commerce et, suivant l'expression familière, a changé son fusil d'épaule, autant de circonstances qui constituent des présomptions suffisantes pour l'inculpation.

Le Tribunal de Marseille, dans deux jugements (1) très fortement motivés, était allé plus loin. « Attendu que, tant du texte, que de l'esprit de la disposition légale prérappelée (art. 10), que des travaux préparatoires qui ont présidé à sa rédaction, il ressort avec une lumineuse simplicité que le législateur a voulu, au cours d'une période particulièrement difficile, sauvegarder à tout prix et maintenir intact au profit du consommateur le libre jeu de la loi économique de l'offre et de la demande qui garantit le sain équilibre du marché intérieur et constitue le grand régulateur du cours de toutes les marchandises, mais plus spécialement des denrées nécessaires à l'alimentation d'un pays belligérant.

« Qu'il a entendu en conséquence prévenir et réprimer soit la raréfaction même momentanée de ces denrées, provoquée ou obtenue par des spéculations inspirées par des idées d'accaparement réalisé même sans aucun concert ou moyen frauduleux ; soit encore et aussi les spéculations caractérisées par des opérations qui excèdent dans une proportion manifeste les besoins d'approvisionnement ou les légitimes prévisions industrielles de ceux qui s'y livrent et qui même en l'absence de toutes mesures d'accaparement proprement dit ne poursuivent dès lors aux yeux de la loi d'autre objectif que celui de provoquer, à l'aide de combinaisons commerciales, conclues sous des modalités consacrées par les usages locaux de chaque place, la hausse artificielle et illicite des denrées sur lesquelles elles portent, plaçant ainsi à leur discrétion le consommateur tenu de se plier à leurs exigences ;

Attendu que dans l'un et l'autre cas les termes même de la disposition légale susmentionnée créent en quelque sorte, à l'égard de ceux qui entreprennent ce genre d'opération, *une présomption de trafic illicite*, présomption qu'ils ne peuvent faire tomber qu'à la charge de prouver la corrélation qui existe entre leurs transactions et leurs besoins d'approvisionnement ou les prévisions inhérentes à leur activité soit industrielle soit commerciale. »

Le Tribunal correctionnel de Marseille,

(1) V. *Thémis*, Marseille, 10 décembre 1917.

envisageant le caractère exceptionnel de la loi du 20 avril 1916, avait estimé que cette loi qui modifie si profondément le droit maritime et le droit commercial pouvait dans une certaine mesure sinon déroger au principe « actori incumbit probatio » du moins qu'étant au premier chef une loi de police et de sûreté, sans déplacer le fardeau de la preuve, créer une présomption grave qu'il appartenait à l'intéressé de détruire. La Cour d'Aix, dans son arrêt de février 1918, a écarté cette présomption et a déclaré que le ministère public avait la charge de prouver le délit, mais que cette preuve pouvait résulter de toutes les circonstances qui avaient entouré l'opération et qui étaient abandonnées à l'appréciation prudente et souveraine du juge.

L'idée d'approvisionnement pourrait parfaitement correspondre à la nécessité de prévisions immédiates et ne s'applique qu'au délit d'accaparement — détention et rétention matérielle de la marchandise. Il y aurait ou non accaparement suivant que la détention serait ou non justifiée par les besoins immédiats.

Légitimes prévisions industrielles ou commerciales. — Ces expressions me paraissent convenir plutôt aux besoins non immédiats et se référer aux opérations qui n'ont pas la détention réelle immédiate pour but. Une prévision c'est une vue de l'avenir, une conjecture. L'idée s'adapte d'une façon parfaitement adéquate à toutes les opérations à terme, opérations d'agiotage, à toutes ces combinaisons commerciales conclues sous des modalités consacrées par les usages locaux de chaque place et n'ayant d'autre but que la hausse artificielle et illicite des denrées sur lesquelles elles portent.

Nous signalons à ce point de vue un jugement du Tribunal de Marseille, en date du 8 mai 1918 (1), qui nous paraît avoir très nettement déterminé ce qu'il faut entendre par les besoins d'approvisionnements et légitimes prévisions et un arrêt de la Cour d'Aix confirmant un jugement du Tribunal de Marseille, en date du 19 juillet posant les mêmes principes (2).

Du contexte de ces documents il semble

(1) *Gazette du Palais*, n°° 220-221, 8-9 août 1918. Voir en ce sens arrêt de la Cour de Poitiers cité ultérieurement.

(2) V. *Thémis*, Marseille, 30 octobre 1918.

bien résulter que les expressions besoins des approvisionnements et légitimes prévisions ne peuvent se confondre et correspondent à deux situations parfaitement distinctes. Des approvisionnements, même considérables s'ils sont nécessaires, ne peuvent donner lieu à des poursuites et des opérations, si importantes soient-elles, ne visant pas la détention immédiate mais la nécessité de détention ultérieure, sont légitimes quand elles rentrent dans les prévisions qu'un commerçant sérieux devrait envisager pour faire face aux besoins de sa clientèle.

Le texte de l'art. 10 séparant les deux expressions par la conjonction alternative ou permet cette interprétation ; mais il se peut cependant que dans certains cas, la distinction ne soit pas aussi nette, que le temps de stationnement ne permette pas de séparer les deux idées ; que les opérations soient inspirées en même temps par des besoins immédiats et des prévisions légitimes.

Dans tous les cas une des deux conditions, si elle est nécessaire, est suffisante, et lorsqu'un commerçant justifiera de la légitimité de ses opérations soit par les nécessités de son approvisionnement, soit par de légitimes prévisions, il ne pourra être recherché.

Certaines décisions de jurisprudence semblent avoir rapproché plus particulièrement l'idée d'approvisionnement de l'idée de commerce et n'avoir admis les légitimes prévisions que pour les opérations de l'industrie. La distinction est factice et ne repose que sur la rédaction, de l'art. 10 qui parle en première ligne du commerce et des approvisionnements et en seconde ligne de l'industrie et des légitimes prévisions. Le commerce et l'industrie ont les mêmes préoccupations de besoins immédiats et ont le devoir de prévoir leurs besoins futurs.

Nous retrouvons dans cette doctrine la pensée du législateur. Ce sont les expressions mêmes du rapporteur qui sont passées dans le texte de l'art. 10.

Si l'on veut bien se reporter, en outre, au discours prononcé par M. le Garde des Sceaux Viviani, elle apparaîtra nettement résumée dans cette phrase : « Un homme est accusé d'avoir eu trop de marchandises sous la main, il tirera de son dossier un document prouvant qu'il a été contraint

d'étendre son commerce, son industrie, de faire face à des ventes plus nombreuses, de répondre à une clientèle plus vaste. Rien n'est plus simple pour un commerçant que de se justifier ainsi de l'accusation dirigée contre lui ».

Cette conception de la loi est de nature à dissiper les craintes du commerce honnête. La loi du 20 avril 1918, dans son art. 10, ne défend pas que le consommateur ; elle protège le négoce sérieux. S'il était possible de résumer la pensée de cette loi dans une phrase, nous dirions : « Pendant la guerre, tout intermédiaire inutile est un spéculateur illicite ». Le commerce honnête n'a pas intérêt à voir naître et se développer les parasites. Ce voisinage est dangereux pour sa réputation, nuisible à ses intérêts.

C'est en ce sens que s'est exprimée la Cour de Paris dans son arrêt du 25 juillet 1918 (1) en décidant que la disposition de l'art. 10 de la loi du 20 avril 1916 est applicable à l'intermédiaire qui, sans aucune utilité pour les transactions commerciales, cherche à profiter des difficultés de l'heure présente et de la raréfaction existant sur une marchandise de première nécessité pour réaliser des bénéfices excessifs, produisant ainsi une hausse injustifiée sans pouvoir, comme les marchands en gros ou en demi-gros, invoquer les besoins d'approvisionnement de son commerce, ni les légitimes prévisions de son industrie.

Ici va surgir une difficulté que nous n'avons pas le droit d'éviter et qu'il faut aborder de face puisqu'elle intéresse toute une catégorie de commerçants ou assimilés les courtiers de commerce, nous prions qu'on nous permette de ne la traiter qu'au chapitre des complicités.

Cette interprétation de l'art. 10, conforme au texte et à l'esprit du législateur, laissait néanmoins échapper un certain nombre de spéculateurs qui ne peuvent être compris dans la classe des accapareurs et assez difficilement dans celle des agioteurs. Sur pourvoi en cassation contre un arrêt de la Cour de Paris du 14 novembre 1917 (2), la Cour suprême avait décidé que la loi du 20 avril 1916 pouvait s'appliquer au producteur, mais à la condition que

_____

(1) *Gazette du Palais*, 26 août 1918.

(2) *Gazette du Palais*, 7 décembre 1917 et 2 mai 1918.

la spéculation illicite relevée contre lui réunisse les éléments juridiques spécifiés par l'art. 10 de cette loi. Pour justifier la condamnation du producteur prévenu, le juge devait préciser que la spéculation dont il s'agissait n'était justifiée ni par les besoins de ses approvisionnements ni par de légitimes prévisions industrielles ou commerciales : faute de quoi sa décision était insuffisamment motivée.

La Cour de Cassation consacrait le principe posé par la Cour de Paris que l'art. 10 de la loi du 20 avril 1918 n'était pas seulement applicable au commerçant qui achète pour revendre, mais aussi au producteur qui livre directement au consommateur. Il suffit d'ailleurs de rapprocher de l'art. 10 le texte de l'art. 11 obligeant tous les *producteurs*, vendeurs, dépositaires, détenteurs ou propriétaires de substances désignées à l'art. 1er à la déclaration de leurs approvisionnements sur réquisition du Préfet pour englober les producteurs. Mais elle exigeait, pour que la décision ne manquât pas de base légale, qu'il fût constaté que le producteur prévenu avait fait une opération que ne justifiait ni les besoins de ses approvisionnements, ni les légitimes prévisions de son commerce ni de son industrie.

Cette constatation est à peu près impossible quand il s'agit du producteur. On ne saurait lui reprocher la constitution d'un stock même démesuré, puisqu'il produit les denrées ou marchandises qui le composent et jouit à ce titre de la même immunité que l'exportateur. L'un et l'autre enrichissent le marché et facilitent le ravitaillement et tous les efforts doivent tendre à l'augmentation des stocks de l'un et l'autre.

Le producteur n'a pas à faire des prévisions pour augmenter ce stock par des achats, sans cela il cesserait d'être producteur pour devenir commerçant. Ses prévisions ne peuvent porter que sur des ventes et hors le cas de réquisition, il n'est pas obligé de vendre et on ne saurait lui faire comme au commerçant le reproche de retenir et par conséquent de détourner la marchandise de la circulation. Il ne vend pas ou il vend très cher. Il ne peut être poursuivi pour ne pas vendre, peut-il être poursuivi pour vendre cher ? Si l'exagération du prix était le criterium du nouveau délit, il n'y aurait pas de doute, mais nous avons

vu que le bénéfice ne pouvait être qu'un circonstance aggravante. En cet état plu sieurs tribunaux avaient relaxé les pro ducteurs.

La même situation se présentait en c qui concerne les suroffres sur les marchés Impossible de nier les besoins des appro visionnements et les légitimes prévisions d ceux qui offraient un prix bien supérieur leurs concurrents, puisque c'était pour faire face qu'ils opéraient par voie de sur offre. La Cour de Poitiers, dans un arrê du 21 mars 1918, a déclaré « ne comme pas le délit de spéculation illicite celui qui s'étant établi à la campagne pour achete des producteurs leurs denrées qu'il expé die à Paris directement à une clientèl qu'il s'est créée, par relations et publicité n'achète que pour satisfaire aux comman des de ses clients. Il en est ainsi alor même qu'occasionnellement il avait achet des denrées au-dessus du cours s'il n'es pas établi que ces quelques achats aien influencé le dit cours et qu'il ait ainsi opéré ou tenté d'opérer une hausse anormale »

Pour éviter de trop nombreuses fissures dans la loi, il fallait étendre la portée de l'art. 10, et c'est cette extension qu'a voulu réaliser l'arrêt de la Cour de Cassation du 21 juin 1918. « L'art. 10 de la loi du 20 avril 1916 doit être interprété en ce sens, qu'il punit ceux qui, dans un but de spéculation illicite, ont opéré ou tenté d'opérer une hausse du prix des denrées ou marchandises au-dessus du cours qu'aurait déterminé la concurrence naturelle et libre du commerce, soit par des approvisionnements non justifiés, soit par des opérations ne rentrant pas dans l'exercice normal et régulier d'une profession industrielle et commerçante. »

Ainsi est définitivement établie la jurisprudence faisant de l'accaparement un des modes, mais non le seul mode de la spéculation illicite. En dehors de l'accaparement, la Cour suprême estime que toute opération anormale et irrégulière, lorsqu'elle a pour but la hausse, est punissable.

Il est à craindre que cette formule générale ne donne lieu à de longues discussions et, peut-être, eût-il mieux valu, en présence des précisions apportées par la jurisprudence, modifier ou compléter le texte de la loi. Il faut reconnaître à la loi un caractère bien exceptionnel pour justifier une semblable extension que la stricte application des principes du droit pénal ne permet guère. Il sera difficile de contester le caractère normal et régulier d'une opération industrielle ou commerciale, lorsqu'elle emprunte l'un des modes usités dans les usages du commerce, lorsqu'elle ne sera que la réédition d'opérations semblables antérieurement pratiquées par lui. On objectera sans doute que ce qui était autorisé en temps de paix ne l'est plus en temps de guerre, cette affirmation morale n'aura de véritable autorité pour le commerce que si elle est appuyée d'une incontestable documentation juridique.

L'extension donnée par la Cour suprême n'est admissible qu'en admettant que le principe de la liberté commerciale a subi, de par la loi nouvelle, une très sérieuse atteinte.

Le fléchissement du principe de la liberté commerciale déjà constaté par la Cour de Paris, a été précisé par la Cour d'Aix. Dans un arrêt du 8 février 1918 et maintenu dans son arrêt du 19 juillet (aff. Fraggi) : « Attendu qu'en édictant la loi du 20 avril 1918, le législateur ne s'est proposé d'autre but que d'empêcher les causes artificielles du renchérissement des marchandises, notamment des denrées de première nécessité et qu'il a, pour atteindre ce résultat, créé des pénalités nouvelles contre tous ceux qui, dans une pensée d'enrichissement se livrent à des manœuvres susceptibles de fausser les conditions normales du marché. Qu'il a donc entendu non point élever une présomption de fraude contre le commerce et la spéculation qui en est, en principe, l'âme, mais prévenir et réprimer des abus et protéger contre eux, à la fois le consommateur auquel s'imposent des restrictions toujours plus lourdes et le négociant honorable qui, sans désir immodéré des bénéfices, poursuit le fonctionnement normal de son commerce et aide, par les moyens loyaux, au ravitaillement de la population. »

Nous retrouvons dans l'arrêt de la Cour d'Aix et dans l'arrêt de la Cour suprême à peu près les mêmes expressions : fonctionnement normal du commerce, suppression des abus, exercice normal et régulier d'une profession. La Cour d'Aix, dans son arrêt du 8 février 1918 (aff. Vasilakis), a encore serré de plus près la question :

Attendu, dit-elle, que c'est une loi de circonstance, que les événements de la guerre rendaient indispensables à la sécurité nationale, que c'est pour cela d'ailleurs que le législateur en a expressément limité l'application à la période des hostilités et les trois mois qui suivront la conclusion de la paix, qu'il était en effet nécessaire, à l'heure ou une foule de libertés sont restreintes et ou la masse de la nation est soumise à des sacrifices de toute nature, que fut limitée aussi pour la sauvegarde du consommateur la liberté de l'agiotage, qu'après les longs débats auxquels a donné lieu le projet de loi, en présence de son texte définitif, nul ne pouvait se méprendre sur sa *portée momentanément restrictive du grand principe de la liberté commerciale* ; que sans abroger la loi du 28 mars 1885, elle en a *explicitement* réduit l'exercice dans les limites qu'elle a précisées. »

Ce fléchissement du principe de la liberté commerciale permet l'interprétation la plus large et la plus extensive. La Cour suprême n'a visé, dans son arrêt, que l'exercice normal et régulier d'une profession industrielle et commerciale, mais il n'est pas douteux que l'art. 10 *visant tous ceux qui* opèrent ou tentent d'opérer la hausse, les non commerçants et les non industriels, les producteurs notamment ne tombent sous l'application de la nouvelle jurisprudence. De même les suroffres tombent sous le coup de la loi parce qu'elles ne constituent pas un acte normal et régulier du commerce. Il en sera de même pour le fait d'un commerçant profitant de la détention exclusive ou presque de certaines denrées pour juguler le consommateur.

Le législateur a voulu sauvegarder à tout prix et maintenir *intact, au profit du consommateur* « le libre jeu de la loi « économique, de l'offre et de la demande, « qui garantit le sain équilibre du marché « intérieur et constitue le plus grand régu- « lateur des cours de toutes les marchan- « dises, mais plus spécialement des den- « rées nécessaires à l'alimentation d'un « pays belligérant (1 et 2). »

(1) Tribunal de Marseille, 15 novembre 1917 ; *Thémis*, 10 décembre 1917.
(2) Voir en matière de suroffres la dernière jurisprudence de la Cour de Poitiers. — Arrêt du 7 juin 1918. — *Gazette du Palais*, 13-14 oct. 1818.

La Jurisprudence de la Cour Suprême permet une extension à peu près illimitée. Elle ne permet cependant pas de revenir purement et simplement à la thèse par trop simpliste de la détermination du délit de spéculation illicite en ne considérant comme unique critérium de cette détermination que l'exagération des bénéfices. Sans doute l'exagération des bénéfices pourra très souvent être la conséquence naturelle des prix excessifs, que ne justifient ni les risques courus, ni l'importance des capitaux engagés, ni les frais généraux ou spéciaux, ni les soins particuliers. Elle apparaîtra dès lors comme la résultante exclusive de l'idée de lucre, comme uniquement inspirée par le désir de provoquer la hausse dans un but intéressé d'enrichissement, elle ne sera plus la conséquence de l'exercice naturel et régulier d'une profession industrielle ou commerciale — elle sera dans ce cas nettement délictueuse.

Si au point de vue des poursuites, les bénéfices excessifs peuvent et doivent mettre en éveil l'activité des parquets et justifier l'ouverture d'une information, la seule constatation de ces bénéfices ne peut permettre aux Tribunaux de prononcer une condamnation. Les Tribunaux doivent en déterminer le caractère en suivant la règle très sage, clairement indiquée par le Tribunal de Marseille : « Apprécier les actes en eux-mêmes — dans leur essence — dans leurs éléments constitutifs — d'après leur caractère intentionnel ».

CHAPITRE IV

TENTATIVE

Le caractère intentionnel est l'élément capital du nouveau délit de l'art. 10. Il suffit, pour s'en convaincre, de remarquer la différence entre l'art. 419 et l'art. 10 au point de vue de la tentative.

Nous avons vu, d'après l'interprétation donnée par M. Sarrut, que l'infraction de l'art. 419 se décompose en deux éléments : 1° l'avènement de la hausse ou de la baisse ; 2° l'emploi des moyens frauduleux. « L'altération des cours doit être, par une relation directe, la conséquence de moyens frauduleux, de telle sorte qu'il soit constant en fait que ces moyens frauduleux ont entraîné une hausse ou une baisse qui ne se serait pas produite si l'on fût resté dans les conditions normales de la concur-

rence ». La loi du 20 avril 1916 a apporté une double dérogation en supprimant la nécessité de l'emploi des moyens frauduleux et contrairement au principe posé par l'art. 3 du C. pén. (la tentative d'un délit n'est pas punissable) en admettant la tentative en matière de délit de hausse des denrées et marchandises par la spéculation illicite.

Il importera donc peu que les opérations pratiquées aient ou non entraîné la hausse, les juges n'ayant pas à établir la relation directe entre les opérations incriminées et l'altération des cours. La tentative étant punissable, il suffira d'établir que la hausse a été recherchée, il sera sans intérêt au point de vue délictueux qu'elle se soit ou non produite.

L'art. 419 laissait prédominer l'élément matériel et reléguait au second plan l'intention ; l'art. 10 de la loi du 20 avril 1916 donne au contraire à l'élément intentionnel la première place.

Ainsi s'établit la différence entre la spéculation illicite et la vente au-dessus de la taxe.

Différence entre la spéculation illicite et la contravention de vente au-dessus de la taxe.

La loi du 10 février 1918 établissant des sanctions aux décrets et arrêtés rendus pour le ravitaillement national a transformé en délits un certain nombre de contraventions et notamment les contraventions punies par les art. 9, 10, 11, 12, 13, 16, 17, 18, 19 de la loi du 30 novembre 1917. Sont abrogés les décrets du 9 février 1917 et du 3 mai 1917.

La loi du 10 février 1918 autorise le Gouvernement à prendre, au moyen de décrets désormais sanctionnés de peines correctionnelles, toutes mesures nécessaires au ravitaillement national. La délégation donnée au Gouvernement est très large puisqu'elle lui permet de RÉGLEMENTER ou de SUSPENDRE « la production, la fabrication, la circulation, la vente, la mise en vente, la détention ou la consommation servant à l'alimentation de l'homme ou des animaux ».

Notons encore en passant le caractère exceptionnel, exorbitant du droit commun de cette législation de guerre qui vient corroborer tout ce que nous avons dit du caractère exceptionnel de la loi du 20 avril 1916 et que nécessite et justifie la loi suprême du salut de la patrie.

L'art. 9 de la loi du 20 avril 1916 avait puni des peines de simple police inscrites aux art. 479 480 et 482 du C. pén. toute infraction aux décrets et arrêtés préfectoraux de taxation. Cette même infraction aux termes de l'art. 2 de la loi du 10 février 1918 sera punie de 16 francs à 2.000 francs d'amende et de dix jours à deux mois d'emprisonnement ou de l'une de ces deux peines seulement.

Mais en élevant le quantum de la peine la loi du 10 février 1918 n'a pas changé le caractère de l'infraction, ce n'est qu'une contravention.

La Cour de Paris, dans son arrêt du 15 mai 1918 (1) a nettement déterminé la différence entre cette contravention et la spéculation illicite : « Considérant que la loi du 20 avril 1916 a prévu deux infractions à la loi distinctes : la contravention de vente au-dessus de la taxe et le délit de spéculation illicite ; que ces deux infractions correspondent à deux ordres de faits et à deux manquements à la loi tout à fait différents, la première consistant uniquement dans le fait matériel d'avoir vendu la marchandise à un prix supérieur à celui fixé par l'autorité compétente, la seconde dans le fait intentionnel par le commerçant d'avoir produit volontairement la hausse des denrées ou marchandises sans que les besoins de son approvisionnement ou les légitimes prévisions de son entreprise commerciale l'ait rendu nécessaire ; que ces deux violations de la loi, selon les cas, peuvent ou exister séparément, ou se rencontrer dans le même fait ; que dans cette seconde hypothèse la règle non bis in idem reçoit son application, deux délits consistant dans une action unique, ne pouvant donner lieu à deux répressions, mais qu'il est inadmissible de soutenir que de ce que le fait relevé contre le prévenu, constituant en même temps qu'un délit une contravention, le délit disparaît ; que de ce que Bachelier a vendu ses pommes de terre au-dessus de la taxe fixée par la municipalité d'Enghien, il ne s'ensuit pas moins que ses agissements constituent le délit de spéculation illicite, puisque ainsi que le Tribunal l'a dit et que la Cour l'admet, il a produit une hausse injustifiée en vendant sa marchandise à un prix bien supérieur à celui qu'aurait déterminé la concurrence naturelle et libre du commerce.. »

Si l'on admettait que toutes les fois que les denrées ou marchandises sont taxées la poursuite ne pourrait être exercée qu'en vertu de l'art. 9 de la loi du 20 avril 1916 et non de l'art. 10 de cette même loi, on aboutirait à ce résultat que seuls pourraient être poursuivis du chef de l'art. 10 les spéculateurs opérant sur des denrées ou marchandises non encore taxées. Or les marchandises et les denrées susceptibles de taxe sont précisément celles qui sont indispensables au ravitaillement de la population, ce sont celles que le législateur a voulu surtout protéger.

Ce qui différencie très nettement la contravention d'infraction à un arrêté de taxation du délit de spéculation illicite, c'est que la première est sans influence appréciable sur les cours, tandis que la seconde exerce ou peut exercer (la tentative étant punissable) une influence certaine sur les cours et provoque la hausse. L'une est la peine appliquée au petit détaillant dont la clientèle est fatalement restreinte, l'autre la peine qui doit être appliquée aux négociants vendant en gros, en demi-gros, seuls maîtres des cours qu'ils imposent aux détaillants et par ces derniers aux consommateurs.

La jurisprudence de la Cour de Paris, confirmée par la jurisprudence de la Cour de Nancy, dans son arrêt du 19 juin 1918 (1), établit la prédominance de l'élément intentionnel dans le nouveau délit de hausse sur les denrées et marchandises pour la spéculation illicite. C'est l'élément essentiel qu'il appartient aux Tribunaux de rechercher, de mettre en lumière et qui doit servir de base aux poursuites.

Cette intention peut résulter d'une série de faits ; elle peut aussi résulter d'un fait unique suffisamment grave pour la caractériser. Il serait contraire à l'esprit de la loi du 20 avril 1916 de faire du délit de l'art. 10 un délit d'habitude.

CHAPITRE V

COMPLICITÉ

La complicité d'un délit pouvant être relevée en toute matière, à moins qu'un texte spécial n'en ait ordonné autrement

---

(1) Gazette du Palais, 3 juillet 1918.

(1) Gazette du Palais, 3 juillet 1918.

les règles de la complicité s'appliquent en matière de spéculations illicites.

Pourront être recherchés, par conséquent, ceux qui auront avec connaissance, aidé ou assisté l'auteur ou les auteurs du délit de hausse par la spéculation illicite dans les faits qui auront préparé, facilité ou consommé ce délit.

Les juges doivent constater que le complice a agi avec connaissance, mais pour qu'il y ait aide ou assistance constitutive de la complicité, il n'est pas nécessaire qu'il y ait participation aux faits eux-mêmes (1). C'est sous cette forme que la question a été discutée en ce qui concerne les courtiers et les banques.

Courtiers. — Nous n'avons pas à nous occuper ici du courtage fermé ou monopolisé, mais du courtage ouvert ou libre.

Aux termes de la loi du 18 juillet 1866, toute personne est libre d'exercer la profession de courtier en marchandises, et la création de courtiers inscrits, sans privilège et en nombre illimité, sous la désignation de la juridiction consulaire, ne fait pas obstacle à cette liberté.

En supprimant le monopole que les courtiers de marchandise possédaient sous l'auspice des art. 85, 86, 89 du Code de Commerce, la loi de 1866 a permis à ces derniers, de faire valablement pour leur compte personnel, des opérations de commerce. Ils sont, dans ces cas, au point de vue de la loi du 20 avril 1916, soumis aux règles générales applicables aux commerçants.

Même observation lorsque les courtiers se rendent garants de l'exécution du marché.

Dans ces deux derniers cas s'ils opèrent ou tentent d'opérer la hausse, ils sont des auteurs ou co-auteurs.

Mais lorsque les courtiers ne font que des actes de commission, lorsqu'ils deviennent le représentant d'une partie, reçoivent sa marchandise, font des avances et s'engagent pour elle, en contractant, non en leur propre nom, mais au nom de leur mandant, ils ne peuvent être recherchés et poursuivis que s'il est nettement établi qu'ils avaient connaissance de l'intention délictueuse de leur mandant.

_____
(1) *Dalloz Périodique*, 1905-1-342.

Cette connaissance pourra résulter des circonstances.

Ainsi, aux termes de l'art. 7 de la loi du 18 juillet 1866, le courtier qui se charge d'une opération de courtage dans une affaire ou il a un intérêt personnel, doit en prévenir les parties avec lesquelles il s'abouche, à peine d'une amende de 500 à 3.000 fr. Il est bien évident que dans une affaire incriminée de spéculation illicite, le silence du courtier peut s'interpréter comme étant l'aveu de la connaissance qu'il avait du caractère délictueux de l'opération.

De même, le taux du courtage bien que libre (sauf en matière de ventes publiques de marchandises en gros et d'estimation de marchandises déposées dans les magasins généraux) peut devenir une présomption grave lorsque ce taux n'est pas conforme aux usages et que le courtier ne justifie pas de circonstances particulières et de soins particuliers.

De même aussi pourrait être considéré comme complice, le courtier qui, contrairement au principe posé par la loi des 21 avril, 8 mai 1791, ferait des opérations pour des individus inconnus et non domiciliés, pour des individus en état de faillite, des personnes notoirement incapables ou insolvables.

Enfin, et la question est ici plus délicate, car il ne s'agit de rien moins que de l'application de la loi du 28 mars 1885, nous estimons que le courtier qui s'entremet pour la conclusion de marchés fictifs, lorsqu'il a eu connaissance de la nature de l'opération, se rend complice du délit de spéculation illicite.

D'une manière générale, les courtiers de marchandise étant soumis aux mêmes règles que les mandataires, peuvent être recherchés lorsqu'ils sortent des limites du mandat. Ils seront co-auteurs quand ils agiront comme commerçants et pourront devenir des complices lorsque, sans agir en leur propre nom, ils prêteront sciemment une aide ou une assistance qui n'entrait pas dans leurs attributions de courtiers.

Banques. — Le recours aux banques s'était, avant la guerre déjà, très développé dans les usages du commerce. La législation sur les magasins généraux, sur les warrants et récépissés, avait facilité e mouvement en corrélation très étroite avec les progrès de l'industrie et du commerce. Il serait ridicule et d'ailleurs inutile de songer à revenir aux anciennes méthodes.

La guerre a facilité et quelquefois même nécessité ce recours. L'augmentation considérable de la valeur des denrées et marchandises a mis le commerçant ordinaire et par là, j'entends faire abstraction des grandes firmes qui disposent de capitaux considérables) dans l'obligation d'envisager le maniement et l'utilisation de capitaux beaucoup plus importants. Tel commerçant qui dispose d'un million, ne peut raisonnablement attendre que l'opération qu'il a entreprise avec ce million soit parachevée pour en recommencer une autre. Il limiterait ainsi son activité et cette limitation, préjudiciable à ses intérêts particuliers, porterait atteinte à l'activité générale. Il se sert de son capital non comme d'une valeur d'échange mais comme garantie, comme couverture d'opérations beaucoup plus importante, que les banques lui facilitent en avançant pour son compte les fonds nécessaires. Il est bien évident que les banques ne travaillent pas pour rien et qu'elles perçoivent des intérêts et des commissions. Ces frais grèvent la marchandise et par choc en retour c'est le consommateur qui les supporte.

D'autre part, suivant un usage qui s'est généralisé, une marchandise d'importation n'est jamais embarquée à l'étranger sans que le vendeur ait la certitude d'une ouverture de crédit en banque désignée, effectuée par l'acheteur ou pour son compte. Si le commerçant français n'utilise que ses ressources propres, il limite l'importation et cette limitation est dommageable à l'intérêt général.

Le recours aux banques est donc non seulement légal, mais souvent nécessaire. Malheureusement on a abusé de ce recours. Profitant de ce que les stocks sont réduits, une course effrénée a été livrée pour s'en emparer. Pour avoir cette marchandise, tous les commerçants du métier et beaucoup même qui n'en était pas, ont rivalisé d'activité. Elle était arrachée à n'importe quel prix, la baisse n'étant pas à redouter. Si elle était au pays d'origine la marchandise était vendue et revendue avant son embarquement, vendue et revendue pendant qu'elle était flottante, vendue et revendue à quai ou en magasin.

Cette course à la recherche d'une marchandise riche, augmentait sa valeur de jour en jour, d'heure en heure, et lorsqu'elle arrivait au consommateur, grevée des intérêts, des courtages et des bénéfices particuliers, successifs, la marchandise de première nécessité atteignait les prix que l'on connaît.

Cette course eût été impossible sans un recours abusif aux banques, et c'est avec juste raison que les Tribunaux ont vu dans cet abus un des moyens employés par le spéculateur pour achever la hausse (1).

Mais de ce que l'instrument a été faussé faut-il conclure à la suppression de l'instrument ? Nous ne le pensons pas et il serait vain de le tenter.

Une répression énergique des procédés nouveaux des modernes mercantis supprimera l'abus en laissant subsister l'usage. Tout ce qui est de nature à faciliter au consommateur l'arrivée des denrées et marchandises est licite ; tout ce qui est au contraire de nature à retarder la livraison au consommateur, lorsque ce retard n'est pas la conséquence d'une force majeure, d'un cas fortuit mais d'une opération effectuée sans nécessité absolue et dans le seul désir de lucre, est illicite.

Il serait puéril d'empêcher ou de gêner le fonctionnement de ce puissant levier qu'est le crédit bancaire, parce que cet interdit n'empêcherait en rien la spéculation. Les nantissements seraient effectués par des particuliers ou des groupes ne présentant pas les mêmes garanties de solvabilité et soumis à un contrôle moins rigoureux.

Sauf de rares exceptions résultant d'une complicité agissante, il nous paraîtrait contraire à l'intérêt général de poursuivre les banques.

CONCLUSIONS

La loi du 20 avril 1916, issue des nécessités de la guerre, est une loi d'exception, exorbitante du droit commun ; temporaire.

(1) Tribunal de Marseille, 15 novembre 1917, affaire Bloc et Vaisilakif. — V. *Thémis*, 10 décembre 1917.

Elle a voulu sauvegarder à tout prix — au profit du consommateur — le sain équilibre du marché intérieur.

L'art. 10 interdit et réprime tous les agissements de nature à détruire cet équilibre — accaparement — agiotage — suroffres — jugulation du consommateur — même lorsque ces agissements ne sont pas la conséquence de moyens frauduleux, même quand les procédés employés sont légaux en soi et conformes aux usages du commerce et de l'industrie.

Le nouveau délit de hausse par la spéculation illicite — ne se référant à l'art. 419 que pour l'application de la peine — est caractérisé par l'intention chez le spéculateur d'opérer cette hausse.

Il importera peu que le résultat ait été obtenu, la tentative étant punissable.

Le bénéfice ne peut être considéré comme criterium du nouveau délit, mais seulement comme une circonstance aggravante lorsqu'il est juridiquement établi.

L'art. 10 s'applique à toutes les denrées ou marchandises susceptibles d'un cours, taxées ou non taxées.

Le délit de hausse par la spéculation illicite n'est pas un délit d'habitude et pourra résulter soit d'une série de faits, soit même d'un fait unique, lorsque ce dernier sera suffisamment caractérisé.

J. LAURÈS,
Substitut du Procureur
de la République à Marseille.

TABLE DES MATIÈRES

LE
MEILLEUR DES THÉS

BOODDAH

BRAND

EN VENTE PARTOUT

PHOTOGRAPHIE

Gve Ouvière

3-5, Rue de la Darse

MARSEILLE